Vente du Vendredi 19 Avril 1872

TABLEAUX

PAR

ALEXANDRE COUDER

EXPOSITION PUBLIQUE :

Le Jeudi 18 Avril 1872

HOTEL DROUOT, Salle n° 2

Me CHARLES PILLET	MM. DHIOS et GEORGE
Commissaire-Priseur.	Experts.

CATALOGUE

DE

TABLEAUX

PAR

ALEXANDRE COUDER

DONT LA VENTE AUX ENCHÈRES PUBLIQUES AURA LIEU

HOTEL DROUOT, SALLE N° 2

Le Vendredi 19 Avril 1872

A DEUX HEURES

Par le ministère de Mᵉ CHARLES PILLET, Commissaire-Priseur
rue de la Grange-Batelière, 10.

Assisté de MM. DHIOS et GEORGE, Experts, rue Lepeletier, 33.

Chez lesquels se trouve le présent Catalogue.

EXPOSITION PUBLIQUE:

Le Jeudi 18 Avril 1872, de une heure à cinq heures.

CONDITIONS DE LA VENTE.

Elle sera faite au comptant.

Les adjudicataires payeront *cinq pour cent* en sus des enchères.

L'exposition mettant le public à même de se rendre compte de l'état des objets, il ne sera admis aucune réclamation une fois l'adjudication prononcée.

Paris. — Imp. de PILLET fils aîné, rue des Grands-Augustins, 5.

CATALOGUE

DE

TABLEAUX

PAR

ALEXANDRE COUDER

DONT LA VENTE AUX ENCHÈRES PUBLIQUES AURA LIEU

HOTEL DROUOT, SALLE Nº 2

Le Vendredi 19 Avril 1872

A DEUX HEURES

Par le ministère de Mᵉ CHARLES PILLET, Commissaire-Priseur
rue de la Grange-Batelière, 10.

Assisté de MM. DHIOS et GEORGE, Experts, rue Lepeletier, 33.

Chez lesquels se trouve le présent Catalogue.

EXPOSITION PUBLIQUE:

Le Jeudi 18 Avril 1872, de une heure à cinq heures.

CONDITIONS DE LA VENTE.

Elle sera faite au comptant.

Les adjudicataires payeront *cinq pour cent* en sus des enchères.

L'exposition mettant le public à même de se rendre compte de l'état des objets, il ne sera admis aucune réclamation une fois l'adjudication prononcée.

Paris. — imp. de PILLET fils aîné rue des Grands-Augustins, 5.

TABLEAUX

PEINTS PAR

ALEXANDRE COUDER

1 — Pêches, raisins et fleurs dans un panier.

Haut., 92 cent.; larg., 73 cent.

2 — Paysage près de Gouvieux (Oise).

Haut., 42 cent.; larg., 64 cent.

3 — Le Rat de ville et le Rat des champs.

Haut., 33 cent.; larg., 41 cent.

4 — Bouquet de fleurs des champs.

Haut., 65 cent.; larg., 54 cent.

5 — Madone entourée de fleurs.

Haut., 65 cent.; larg., 54 cent.

6 — Paysage, environs de Boran. (Effet du soir).

Haut., 30 cent.; larg., 59 cent.

7 — Une bourriche de fleurs des champs ren-
versée.

Haut., 50 cent.; larg., 73 cent.

8 — Conseil tenu par les rats.

Haut., 24 cent.; larg., 32 cent.

9 — Lilas et roses sur une table.

Haut., 54 cent.; larg., 65 cent.

10 — Intérieur de cuisine.

Haut., 54 cent.; larg., 65 cent.

11 — Roses.

Haut., 61 cent.; larg., 50 cent.

12 — Paysage, route de Bruyère. (Effet de neige).

Haut., 31 cent.; larg., 67 cent.

13 — Bouquet de fleurs des champs.

Haut., 54 cent.; larg., 65 cent.

14 — Le Vieillard et les trois jeunes hommes.

Haut., 32 cent.; larg., 24 cent.

15 — Jeune fille venant de ramasser du bois.
(Effet de neige).

Haut., 41 cent.; larg., 32 cent.

16 — Retour des moutons à la ferme.

Haut.. 20 cent.; larg., 29 cent.

17 — Roses trémières.

Haut., 65 cent.; larg., 54 cent.

18 — Lapin pendu par une patte.

Haut., 28 cent.; larg., 15 cent.

19 — Paysage. La Mare. Soleil couchant.

Haut., 14 cent.; larg., 28 cent.

20 — Le Rat qui s'est retiré du monde.

Haut.. 27 cent.; larg., 21 cent.

21 — Jeune fille effeuillant une marguerite.

Haut., 46 cent.; larg., 38 cent.

22 — Vierge entourée d'une couronne de fleurs
des champs.

Haut.. 81 cent.; larg., 65 cent.

23 — Moutons au parc.

Haut., 19 cent.; larg., 36 cent.

24 — Paysage. Forêt du Lys.

Haut., 24 cent.; larg., 32 cent.

25 — Le Lièvre et la tortue.

Haut., 16 cent.; larg., 21 cent.

26 — Pot à tabac, pipe et raisins sur une table.

Haut , 38 cent.; larg., 46 cént.

27 — Un panier de fraises renversé.

Haut., 28 cent.; larg., 46 cent.

28 — Lilas et pivoine.

Haut., 65 cent.; larg., 54 cent.

29 — Retour du marché.

Haut., 81 cent.; larg., 65 cent.

30 — Rosier cent feuilles.

Haut., 65 cent.; larg., 54 cent.

31 — Les Cartes.

Haut., 65 cent.; larg., 54 cent.

32 — Troupeau aux champs.

Haut., 15 cent.; larg., 28 cent.

33 — Pavots doubles.

Haut., 35 cent.; larg., 18 cent.

34 — Lièvre pendu par une patte.

Haut., 28 cent.; larg., 15 cent.

35 — Roses trémières.

Haut., 35 cent.; larg., 18 cent.

36 — Bords de l'Oise.

Haut., 13 cent.; larg., 22 cent.

37 — Entrée d'un bois près d'Herblais.

Haut., 00 cent.; larg., 00 cent.

38 — Intérieur de cuisine.

Haut., 00 cent.; larg., 00 cent.

39 — Fleurs et fruits dans un parc.

Haut., 24 cent.; larg., 32 cent.

40 — Pêches et raisins.

Haut., 32 cent.; larg., 40 cent.

41 — Paysage. Forêt du Lys.

Haut., 27 cent.; larg., 31 cent.

42 — Objets de curiosité sur un meuble.

Haut., 25 cent.; larg., 21 cent.

43 — Les deux chèvres.

Haut., 16 cent.; larg., 21 cent.

44 — Pêches.

Haut., 21 cent.; larg., 27 cent.

45 — Une Route dans la forêt de Chantilly.

Haut., 29 cent.; larg., 35 cent.

46 — Une Office.

Haut., 40 cent.; larg., 32 cent.

47 — Carrefour des Moines, forêt du Lys.

Haut., 39 cent.; larg., 27 cent.

48 — Les Deux pigeons.

Haut., 21 cent.; larg., 16 cent.

49 — Fleurs des champs.

Haut., 65 cent.; larg., 54 cent.

50 — Avenue dans la forêt de Chantilly. (Effet de neige).

Haut., 65 cent.; larg., 54 cent.

51 — Jeune fille cueillant des fleurs des champs.

Haut., 32 cent.; larg., 24 cent.

52 — Perdrix, raisins et pêches.

Haut., 38 cent.; larg., 47 cent.

53 — Fleurs des champs et prunes.

Haut., 38 cent.; larg., 47 cent.

54 — Vase égyptien et objets divers sur une table.

Haut., 47 cent.; larg., 38 cent.

55 — Allée verte, forêt du Lys. (Effet de neige).

Haut., 15 cent.; larg., 31 cent.

56 — Intérieur de cuisine.

Haut., 40 cent.; larg., 33 cent.

57 — Pêches, raisins et fraises.

Haut., 40 cent.; larg., 33 cent.

58 — La Mort et le Bûcheron.

Haut., 21 cent.; larg., 16 cent.

59 — Fleurs des bois.

Haut., 22 cent.; larg., 28 cent.

60 — Paysage, environs de Bruyère. (Seine-et-Oise.)

Haut., 40 cent.; larg., 70 cent.

61 — Paysage, environs de Boran.

Haut., 20 cent.; larg., 30 cent.

62 — Perdrix.

Haut., 18 cent. ; larg., 20 cent.

63 — Le Chien qui porte à son cou le dîner de son maître.

Haut., 24 cent.; larg., 19 cent.

64 — Conversation intime.

Haut., 32 cent.; larg., 24 cent.

65 — Le Chêne et le Roseau.

Haut., 24 cent.; larg., 32 cent.

66 — Le Renard et le Bouc.

Haut., 21 cent.; larg., 16 cent.

67 — Fleurs du printemps.

Haut., 65 cent.; larg., 54 cent.

68 — La Leçon de dessin.

Haut., 47 cent.; larg., 28 cent.

69 — Avenue conduisant au village du Lys. Soleil couchant.

Haut., 00 cent.; larg., 00 cent.

70 — Fleurs des champs.

Haut., 00 cent.; larg., 00 cent.

71 — Moutons dans le bois.

Haut., 21 cent.; larg., 16 cent.

72 — La Laitière et le pot au lait.

Haut., 21 cent.; larg., 16 cent.

73 — Fleurs des champs.

Haut., 81 cent.; larg., 65 cent.

74 — La Prairie.

Haut., 09 cent.; larg., 22 cent.

75 — Labourage.

Haut., 09 cent.; larg., 23 cent.

76 — Chardons.

Haut., 47 cent.; larg., 28 cent.

77 — Moutons dans un pré.

Haut., 15 cent.; larg., 21 cent.

78 — Dessus de porte.

Haut.. 50 cent.; larg., 1 mètre.

79 — Fleurs des champs.

Haut., 74 cent.; larg., 59 cent.

80 — Près les étangs de Comel, forêt de Chantilly.

Haut., 00 cent.; larg., 00 cent.